국경지대

시산맥 시혼시인선 012

시산맥 시혼시인선 012

초판 1쇄 발행 | 2021년 04월 02일

지 은 이 | 이용언
펴 낸 이 | 문정영
펴 낸 곳 | 시산맥사
편집위원 | 이송희 전철희 한용국
등록번호 | 제300-2013-12호
등록일자 | 2009년 4월 15일
주   소 | 03131 서울특별시 종로구 율곡로 6길 36,
           월드오피스텔 1102호
전   화 | 02-764-8722, 010-8894-8722
전자우편 | poemmtss@hanmail.net
시산맥카페 | http://cafe.daum.net/poemmtss

ISBN 979-11-6243-166-5 (03810)

값 10,000원

• 이 책은 전부 또는 일부 내용을 재사용하려면 반드시 저작권자와 시산맥사의
  동의를 받아야 합니다.

• 이 책은 시산맥 창작지원금 공모 당선 시집입니다.

국경지대

이용언 시집

• 저자의 의도에 따라 작품의 보조 동사와 합성 명사는 띄어쓰기가 달라질 수 있습니다.

• 본문 페이지에서 한 연이 첫 번째 행에서 시작될 때에는 〈 표기를 합니다.

• 이 시집은 교보문고와 연계하여 전자책으로도 발간되었습니다.

■ 시인의 말

나이 칠십에
이게 무슨 사치이고 허영인가 싶다
우리 세대가
늘 그래왔듯이
가만히 있으면
불안해지는지라
붙잡은 것이 시의 입문이었다
인생은
재주가 시원찮아도 살 수 있음을
내가 증명한 것이니
오래 참고 같이 살아온
아내에게 고맙고
내 작은 손을 놓지 않는
보이지 않는
손에
,
감사한다

2021년 2월, 이용언

■ 차 례

1부

술렁거리는 정원 _ 019

맨하튼 _ 021

새처럼 날아갔다 _ 022

석류가 익어가듯 _ 024

벽시계는 새벽 4시에 멈춰 있다 _ 026

소리 없는 지옥 _ 028

놀이터 _ 030

그 도시는 늘 겨울이다 _ 032

흑백사진 _ 034

이민자 _ 036

떡국 _ 038

중독 1 _ 040

소모전消耗戰 _ 042

오, 거룩한 밤 _ 044

화병에 꽂힌 장미 _ 047

2부

국경지대 _ 051

유월의 향 _ 052

내가 받은 수라상 _ 054

시야에서 멀어지는 _ 056

일어나야 할 시간 _ 058

사바로 돌아오고 있다 _ 060

사마리탄 _ 062

성탄절 풍속도 _ 064

아포칼립스 _ 065

유혹이 목마른 땅 _ 066

변신 _ 068

중독 2 _ 070

기적 _ 072

저녁시간이 고목이 되어가고 있었다 _ 074

사과 맛을 보시겠어요? _ 076

3부

지루한 장마 _ 081

처용 초상 _ 082

밥천국 _ 084

아리랑 _ 086

폐하의 대관식 _ 088

달밤이 좋아 _ 090

입양인 _ 092

광기 _ 094

그 길을 누가 서성거리고 있는지 _ 096

깊이를 알 수 없는 강 _ 098

중독된 거리 _ 100

까마귀 울음 _ 102

끼 _ 104

서커스 _ 106

이륙 _ 108

4부

밸런타인데이 _ 113

유리창 너머 비 오는 거리 _ 114

건천 _ 116

천사들의 도시 _ 118

그가 누구인지 _ 120

갈매기 _ 122

아가미 _ 124

귀신이 따라오기라도 하면 _ 126

그 집 _ 128

소울 가수 _ 130

산속의 괴물 _ 132

새소리 _ 134

쏟아지는 비 _ 136

동백 _ 138

외식 _ 139

■ 해설 | 김종회(문학평론가, 전 경희대 교수) _ 141

1부

술렁거리는 정원

정원이 수상하다
사과나무가, 석류꽃이, 장미가, 바람도 없는데 술렁인다
술렁임을 날며 오는 나비
한 번도 듣지 못했던 말을 듣는다
말을 걸고 있는 식물들
이슬을 깨문 푸른 입술을 보고 알았다
갑자기 무슨 일이 일어난 걸까
밤의 구석을 뒤적거리던 잠 속에 긴 꿈을 꾸었고
누에, 잠을 자는 아내를 빠져나와
아직도 꿈인 양
공기를 헤엄치며 산호꽃 장미로 날아가다
벤치에 앉은 내게
환희의 눈빛으로 다가오는 식물들
사과가 사과의 말을 걸어
석류가 석류의 말을 걸어
눈빛이 흐르는 초록으로
소리 없는 말이 웃음 짓는 눈짓으로
말의 색색 향기를 쫓아
나는 나비, 경계 안과 밖이 바뀌는 순간

사과의, 석류의, 장미의, 말이 햇빛에 씻겨 눈부시다
활짝 열려 있는 내 안의 모든 창문
정원이 술렁거린다

맨하튼

공항에 짐짝같이 부려졌던 그 사람, 터지게 싸서 온 이민가방 다섯을 빌딩 그늘진 십 년을 억척스럽게 끌고 다녔어도 터진 데 없이 반듯했다.

살벌한 이십사 시간의 길 끝에 개업한 작은 델리*, 이른 아침부터 문 앞에 줄이 서고 들고 나가는 샌드위치와 커피 향으로 그의 마른 얼굴이 구수해졌다.

어느 늦은 밤, 불빛이 잠깐 기우뚱한 순간 쇠에서 터져 나온 큰소리에 문이 깨지고 튀어 나가는 물체가 있었다. 희뿌염 한 어둠 속에 유리 조각이 창백한 빛을 흘리며 바닥으로 흩어졌다. 거리는 잠시 흔들렸고 빌딩 어느 층에선가 경보음이 울리기 시작했다.

다음 날 아침, 노란 테이프가 두 겹으로 팽팽하게 쳐진 델리, 깨진 유리문 안에 혀를 빼문 계산대가 모로 쓰러져 있고, 안쪽 콘크리트 벽에는 그가 틈만 나면 쳐다보고 되뇌던 글씨 액자가 부서진 채 걸려 있었다.

* 델리는 샌드위치 등 음식을 파는 가게.

새처럼 날아가다

모든 게 그 녀석 때문일 거라고 생각했다
어제도 밤새도록 속을 뒤집어 놓아
너덜너덜해진 아침
지하역 간이식당에서
선짓국 첫 숟가락에 확, 데어버린 목구멍
마주 앉은 그 녀석
야, 차려준 밥상도 못 받으시는 화상아, 하며
혀를 찬다

핀잔을 피해 서둘러 나온 거리
하늘이 더없이 높다
인파와 차량이 충혈된 눈에 굴곡이 진다
신호에 길을 건너는데
분명 파란 신호를 보고 살폈는데
벼락 치듯 달려드는
빨간 스포츠카
혼란함이 닿는 단순함
정신이 하얗게 증발하면서
머리가 하늘 속같이 깊어진다
팔다리를 휘저으면 날 것도 같은 순간

내 새가슴을 끌어안고 있던
그 녀석
울컥 선혈을 한 모금 바닥에 토하며
야, 액땜으로 생각해, 이걸로 죽지 않아, 이젠 잘 될 거야, 라는
말을 멀게 들으면서

모든 게 정지된 길 위를
나는 새처럼 천천히 날아가기 시작했다

석류가 익어가듯

심하게 홍역을 앓고 일어났나 보다
반쯤 휘어진 가지
석류
배를 열고 발갛게 익은 씨를 내보인다

오늘은 십 년째 되는 기일
화장장에서 고이 받아 든 유골함은 따듯했다
내가 태어나던 해 난리가 났고
포탄에 맞아
부서져 내린 담벼락 아래 먼지를 뽀얗게 뒤집어쓰고
손톱이 짓이겨지는 아픔이 있어도
새끼 고양이같이
단잠을 잤듯
산을 향해 달리는 차 안
내 가슴에서 조용히 흔들리는 어머니는
깊은 잠이 드셨다

 해마다 이맘때가 되면 새끼를 동반한 고래가 멀고 깊은 바다를 지나간다
 〈

나는 고래가 우는 심해 속으로 들어가
석류의 껍질을 뒤집으며 석류 알을 까낸다
손톱이 빨갛게 물들게 될 때쯤
입에 넣기도 전에
시고 단맛이 눈에 먼저 고인다

석류가 익어가듯
섬 너머 그리운 나라, 노을 속에 불타고 있다

벽시계는 새벽 4시에 멈춰 있다

이층집, 안을 둘러보다 흠칫 놀랐다
먼저 와 있는 손님
그가 든 플래시에서 낮은 탄성의 빛이 흐른다
뭔가를 보며 웃는 흰 이빨이 난폭하다
흥분으로 떨리는 공기
그가 서둘러 내려간 아래층
묵직한 정적이 내는 신음이 들린다
따라 내려간 현관 한가운데 금덩어리가 놓여 있다
아직 신음 냄새가 가시지 않은
물렁한 금덩이를
보자기에 싸 들고 돌아온 반지하 방
벽시계는 새벽 4시
나는 곯아떨어진 숨소리를 들치고 몸을 누인다

경찰차 경고음이 알람으로 바뀌며
잠에서 깨어나는 나는
등산복 차림으로 어디를 다녔는지 생각해 본다
기억나는 건
어느 집 정원 한가운데 매화나무
매화틀에 쪼그리고 앉아 금화를 줍고 있었다

허리에 저릿한 통증이 온다
큰비가 오려나?
창문을 스치는 번개의 섬광
오늘 동네 슈퍼에서 꼭 사야 할 게 생각난다
부정 타서는 안 될 일이다
입이 근질거려 히죽거리는 나를 보고 있는 벽시계는
여전히 새벽 4시

소리 없는 지옥

여보, 개미! 아내의 비명을 개미는 들을 귀가 없다

벽에 생긴 틈을 살펴보다 커진 눈의 동공을 따라 들어가 보았다
안은 어디고 연결된 게 아닌가
개미 박멸은 애당초 불가능한 일이겠군, 하며
나오려는 순간 미로로 빨려 들어가며 온몸이 심하게 가려웠다
외계의 전파에 접속되는 느낌이다
이미 그때 머리에 안테나 촉수가 돋아난 나는
캄캄한 동굴 속을 척척 다니는 개미
촉수를 따라 나간 곳에
세상에!
벌레 하나 비리게 죽어 있다
입의 집게로 물기도 전에 벌써 촉수가 어디로 무전을 친다
이때 알게 된 건 여왕님께 먼저 알리는 게 으뜸가는 미덕
순식간에 명령을 하달 받고 모여든 일꾼개미들
허기를 가는 허리로 졸라매고 물어뜯어 운반하는데

갑자기 불벼락이 떨어진다
또 개미야! 여보, 어디 갔어, 지 네 땅에서나 살지 왜 자꾸 들어오지, 더러워, 다 죽여, 치-익 치-익.
혼비백산 세상 어느 구멍으로 나왔는지
화장실 바닥에 쓰러져 헐떡이는데
내 귀 안에 사는 달팽이 안테나에 잡히는 신호
메이데이-메이데이- 메이데이
거품을 물고 내 입에서 비틀대며 기어 나오는

소리 없는 지옥

놀이터

헐렁한 바지 사이를 빠져나간
공이
픽,
팽이를 돌다 쓰러진다
우 하하, 그게 뭐야, 아빠처럼 해 보세요
뺑. 차. 쎄. 게. 아빠-아 - - -
사이키델릭 에코가 울리는 가운데
놀이터에 나타난 청개구리
움푹 패인 그의 가슴 깊숙한 늪지에 폴짝 뛰어든다
개골 개골 개골
늪 근처 초록 뱀이 모가지를 든다
먹이를 노리는 조바심
두 갈래 져 마르는 혀에 침을 축인 그는
불끈 치받고 올라오는 혈기를
개구리 넓적다리를 단번에 물어야 하는 긴장을
야윈 다리에 내려 보낸다
소싯적의 솜씨로 툭툭 공을 건드리다
냅다 찬다는 게
공 대신 차인
몸이

풍선처럼
공중에 가볍게 뜨는가 싶더니
바닥으로
고목,
토막 하나 털썩하며
놀이터의 심장이
쿵,
내려앉는다

누가 갖고 놀다 놓쳤는가
전깃줄에 걸려 있는 풍선, 가로등이 희미하다

허리를 다친 놀이터
공을 안고 좁은 벤치에 잔뜩 웅크리고 누워 있다

그 도시는 늘 겨울이다

흐린 어둠이 그 도시의 하늘을 침몰시키고 있다
어둠의 경계에는
흰 선이 그어진 것도 벽이 세워진 것도 아니다
네거리에 서 있는 동상이 줄곧 한 방향을 응시하고 있다
도시의 늪을 통과하는 기차가
녹슨 철교를 쿵쿵거리며 건너가는 소리가 들린다
첫눈이 내릴 것 같은 저녁
몇 명의 수녀들이 바쁜 걸음으로 사람들 사이를 빠져나가는
한 쪽 거리에
철장을 짚은 거인이 서 있다
그 옆에 서너 살 먹은 여아가 추위에 모닥불을 쬐고 있다
눈 대신 바람이 굴리는 쇠바퀴가 네거리의 불빛을 부수고 지나가자
거인은 급히 몸을 구부려 한 손으로 아이를 가슴에 안는다
사소한 삶이라고 해서 무게와 비례하는 것이 아니다
또한 신이 미리 정해 놓는 것도 아니다

눈이 내리기 시작했다
눈은 거인과 아이의 벗은 몸을 따뜻하게 덮으며
세상의 빈 곳을 채우며 내렸다
다음 날 사람들은 쓰러진 채 눈에 덮인 동상을 보았다
가슴앓이 같은 쓰라림으로 겨우 봄이 왔지만
동상이 사라진
그 도시는 늘 겨울이다
모두가 마스크로 입을 막은 채
서로 눈치채지 못하는 침묵으로 살아가고 있다

흑백사진

무심코 호텔 방문록을 넘기다 눈에 들어온 글,
인형의 나라 손톱만 한 천사들이 유리창을 두드립니다. 십 년쯤 뒤 오늘같이 눈이 오면 우리 아이들과 눈사람을……

잠시 눈을 돌린 건너편 숲속 한 귀퉁이가 움직인다
새끼를 데리고 나온 노루일까?
왠지 처음 온 이곳이 전에 왔었을 거라는 느낌이 든다
다시 뒷부분으로 넘어가다 눈에 띄는 글,
그때처럼 눈이 쌓이는군요. 눈은 무엇을 더 덮으려는 건지……
이건 그 사람이 다시 와서 남긴 글
그러면 아이들은?
의문을 지워버리려는 확신같이
이건 내가 쓴 것일 거라는 아니 처음부터 그가 나였을 거라는
은유가 밀고 들어온다

아직은 목련이 눈부신 계절

여행 이틀 뒤 친구의 소식을 그의 아내로부터 전해 들었다

 우연히 내가 살았을지도 모르는 시간 안에 노루인 듯 아기인 듯 실루엣이 그려지고 있다
 그 위로 누가 호명하기라도 한 듯
 목련꽃 하나
 모가지가 툭, 하고 떨어지다가
 찍히는,

 흑백사진 한 장

이민자

다빈치 인체 해부도
살가죽이 벗겨진 산이 황달 앓는 풀숲에 버려져 있다.
한때 풍만했을 비너스
계곡의 젖줄
모래 채찍에 살이 터져 사막으로 말라 있다.

사막 안에 신기루
화성에 고여 있는 바다가, 아! 기절해 있다.

그 바다를 지키고 있는 먼지를 하얗게 뒤집어쓴 유령의 집, 하이웨이 마트. 마실 거를 찾아 두리번거리는데, 안녕하세요, 하는 주인의 말에 아, 예? 여행자이시군요. 저는 이년 전에 죽기를 각오하고 들어왔어요. 저 물이 짜냐고요? 그냥 두면 죽는 거죠. 그런데 다 마르려면 백 년이 걸린대요.

문을 나오면서 올려다본 하늘
마른 우물에 던져진 동전만큼 가난하다.
〈

빈집 몇 채 신음하고 있는 길, '파라다이스'를 지나 해변에 다가갈수록 눈알이 파 먹힌 물고기 비명이 들린다. 짠물이 뱉어내는 가래, 누런 이끼가 사람의 접근을 빈정대며 코를 잡고 흔들어 댄다.

휘-익, 작은 물새 한 떼
허기져 가라앉는 물 위를 저승같이 날아간다.

사막 산에 둘러싸인 Salton Sea*
대양으로 가는 고향에
타고 갈 배 한 척 못 띄우는 심장, 백 년을 썩어가고 있다.

* Salton sea—남부 캘리포니아에 있는 소금 호수.

떡국

안마당에 도둑같이 오는 눈
섣달 그믐날 밤
마루에서 한두 밤 재워
또각또각 썰어 청대 소쿠리에 담아 논
흰떡
눈 쌓인 잠을 털고 일어난 아침
세배가 끝나고
아랫목 상에 올라온
발간 연탄불에 끓여 푸른 파를 띄운
떡국

그때의 겨울은
눈 덮인 장독대와 살얼음 버석한 물에 쌀을 씻는,
어머니 얼음 백인 아린 손끝에 있었다

잡초같이 뿌리 내린 세월
타국
정월 초하루
뼈를 곤 국물에 고명을 얹은 떡국을 먹는다
놋대접에서 올라오는

김
훤한 이마 웃자란 눈썹 아래
서리는 안개

중독 1

식탁 흰 테이블에 놓인 와인보다 나는 독주가 되고 싶다

오래전
강화도 전등사 부처님 뵈러 가는 길에
흙먼지 뒤집어쓴 해장국 집
길옆으로 파헤쳐진 황토보다 벌겋던
시큼하고 씁쓸했던 깍두기 맛
판잣집들 늘어선 청계천 동대문 시장 뒷골목
누런 빈대떡에 말간 소주가 생각나는
이를테면 해진 무명옷에 묻은 김칫국물
얼룩진 눈물 같은 맛
케케묵은 하찮은 기억들을 지워내 버리지 못하는 나는
붉은 와인보다는
바람 부는 오지의 그늘에서
음습한 시간을 견딘 향이 독한 술이 되고 싶다

몽롱한 네가 나를 찾아 마실 때
불타듯이 넘어가

기억으로 통하는 목구멍을 찌릿하게 갈라놓고 싶다
나를 질식 시켜 몸을 가루로 빻아 발효시킨
오크통을 부수고 나온
스모키한 향으로
중독된 몸을 태워 날리고 싶다

독주가 된 나는 병실에 걸린 주사액같이
너의 마른 팔뚝에 꽂혀
지독한 불구의 핏줄을 타고 흐르고 싶다

소모전 消耗戰

　나는 상업을 한다
　공장에서 받아오는 물건이 아닌 나의 수제품을 판다
　시간만 나면 최선을 다해 상품을 만들어 놓지만 재고 대비 마이너스 경제이다
　재래시장 좌우 내 옆에도 자루같이 세워진 상인들이 있다
　그들도 팔리지 않는 재고를 수북이 안고 있다
　해가 지면 모두 공친 하루를 수입처럼 챙겨 돌아가고 빈자리에 외등 하나 부스스 일어난다
　집에 돌아온 나는 쥐구멍 같은 컴퓨터를 열고 실물 동향과 선물 추이를 체크한다
　등 뒤에서 지켜보던 이가 고개를 갸우뚱하다가 방을 나간다
　쥐구멍을 나간 세상은 또 다른 쥐구멍
　수요와 공급이 딱 떨어지는 어느 행간에 쥐약을 놓을 건가 전략을 고민하다
　물건을 다시 꺼내 사전과 대비하고 깎고 다듬기를 반복한다
　행복이 스며드는 불면 속으로 정신을 밀어 넣고

당기다가 잠이 든다
　잠을 자면서도 나는 깨어나 있지도 않은 과거를 현재로 고쳤다가 미래로 아니 다시 과거로 바꾸다가
　시장을 강하게 뒤흔들어 놓는 꿈을 꾼다
　나는 약해지고 자꾸만 위조지폐 같은 꿈속으로 도주한다

오, 거룩한 밤

친애하는 이 선생 귀하

저와 제 아내는 이 선생과 더불어 21세기의 이 세상에서 아주 중요한 문제를 같이 관심을 가지고 걱정을 했으면 합니다. 제가 백악관을 떠날 때 우리 부부는 이 세상을 위해서 무언가 더 할 일이 있을 것으로 생각했는데 이는 세계 평화와 고통당하고 있는 사람들을 도와주는 것이었습니다. (중략) 이런 우리의 노력은 현재 당면한 북한으로 인한 문제를 해결하는 데 많은 도움을 주리라 생각합니다. (중략) 선생께 봉투를 동봉하오니 편하신 시간에 보시고 저한테 보내주시기를 바랍니다.
늘 강건하시기를 빌면서,
지미 카터
추신: 귀하의 너그러운 선물은 (별지의 삼십오 불 괄호에 별 표시를 해 놓았음) 미래의 세상에 대한 투자입니다

크리스마스 카드를 펴자
흰 목도리를 두른 독수리가 엠블럼으로 점잖게 들

어와 성탄의 기쁨을 친절하게 전한다

  삼만 리 바다를 안고 있는 창, 성에꽃이 벽난로 불로 탁탁 타오르고 평화를 기원하는 은은한 트럼펫 고음과 흑인 영가 가수의 밀크초콜릿 저음 사이로 삼 밀리 프로펠러 날개를 단 수천수만 수억 흰 눈이 초속 삼십 센티미터로 사-악 사-악 비행하며 내리고 있다

  티브이 날씨 정보 눈구름 아래
  긴급 속보 '로널드 레이건 핵 항모 한반도 동해 급파' 보는 순간
  핵 엔진
  쿵쾅거리는 소리
  내 심장에서 동맥을 따라 터져 나가고
  절벽 밑 직립으로 내리꽂히는
  독수리
  하늘 가르는 소리
  환청으로 내 고막을 찢어 놓는다
  〈

뉴스가 끝난 티브이 화면
  흰옷을 입은 아이가 나와 크리스마스 캐럴을 노래
한다
  오, 거룩한 밤

  * 편지의 전체 내용에서 많은 생략과 의역이 있음을 알려드
립니다.

화병에 꽂힌 장미
— 이수명의 「장미 한 다발」을 변주하여

 정원에서 장미를 가위로 잘랐을 때 장미는 너무나 아픈 나머지 크게 비명을 질렀다.

 방 안의 화병에 꽂았더니 장미의 비명이 더욱 커졌다. 매일 영양제를 탄 물을 갈아주었다. 장미의 이름을 부르면 장미는 고통의 일그러진 모습을 하고 신음을 냈다.

 장미 줄기에 돋은 가시에서 피가 말라갔다. 가시는 잎사귀를 뚫고 장미의 앙상한 뼈를 드러냈다. 암 같은 그 가시가 내게로 와 박혔다.

 방 안은 누레지고 있었다. 가시는 나를 훔쳤다. 나는 가시같이 말라갔다. 나는 신음했고 내 몸에서 꽃잎이 떨어진 그 자리에 장미의 대머리를 보았다. 내 몸에서 방부제 소독 냄새가 났다.

2부

국경지대

프리웨이 끝
국경지대의 동네가 돌아앉아 있었다

우두커니 서 있는 몇 채의 집
져가는 해마저 외면하듯 비껴가는 거리였다

그 사이를 의심스럽게 부는 바람에
가시덤불, 부둥켜안고
제 몸을 찔러 대며 뒹굴고 있었다

근심스레 가라앉아가는 안개
펜스*가 시커멓게 파먹어 간 배를 내놓고
광야가 쓰러져 누워 있었다

솔개 서너 마리 낮게 맴도는
국경지대, 엉겅퀴가 뒤덮인 아벨의 들판이었다

가인의 증오가 넘치는 들개가
몸을 숨기는 곳이다

* 펜스(Fence)

유월의 향

버스에서 아버지는 혼곤히 잠이 들어 있었다
도착한 곳은 B 도시 수산 시장
방파제 안에 들어와 있는 내 유년이 꿈틀거리는 바다
배낭을 멘 가족이 걸어가고
그림자 중 하나가 남아 거리를 기웃거린다
아버지를 모시고 들어간 식당
흰 종이 상에 음식 그릇들이 놓인다
넥타이도 좀 푸시고
편안하게 술도 한잔 하세요
상에서 올라오는 푸릇한 유월의 향
멀리서 은빛 눈이 아버지를 들여다보고 있다
기념사진 찍을 거니까 그러고 계세요
카메라 렌즈로 보는 낯선 아버지는 젊어 있다
한 무리의 남녀들이 문으로 들어온다
퍼덕이는 불안이 수족관에서 뜰채로 떠 올려진다
아버지를 마주한 상에는
아직 젓가락이 가지 않은 회와 술 한 잔 따라져 있다
햇빛이 바다를 잘게 부수고 있다

눈을 감은 섬을 끌고 나가는 통통배 한 척
등을 돌리고 돌아앉은
부두에는
그물에 걸린 뱃고동 비리게 철썩거린다

내가 받은 수라상

이천 밥상 집의 그녀는 주섬주섬 서투르기만 하다

나라님이 드셨다는 도미, 먼저 올리고 가마솥 쌀밥에 왜란, 호란, 숱한 난을 견딘 뚝배기 된장이 위태위태하게 놓인다
  튀각 나박김치 달래 고사리 씀바귀
  이국의 낯선 음식을 옮겨놓는 그녀의 가는 팔이 가뭇하다
  네이팜탄에 그슬린 역사의 유전자를 증명하려는 듯

인도차이나 전선까지 끌려가 영영 돌아오지 못했다는 내 재종이모 같은, 야자수 아래 이를 드러내고 웃는 군인들 사이에서 본 것만 같은, 누런 사진 속의 그녀
  한복이 어색한 어깨 위로 슬쩍 올려다본 그녀의 얼굴, 채 가시지 않은 멍 자국에
  자석같이 철석 붙으려는 솥뚜껑 손, 내 시선을 얼른 잡아채 창밖 모내기를 끝낸 논바닥에 처박는다
  결국 일의 순서가 그렇게 정해졌다는 듯, 조심스레 놓다가 껫박치는 국 대접

그녀가 참고 견뎠을 뜨거운 눈물 건더기들이 왈칵 쏟아져 아, 수라상에 가득히 흩어져 있다

시야에서 멀어지는

여기는 강원도 깊은 산 어느 계곡쯤 될까
산사山寺라도 보여야 제격인데

눈부신 적막 산자락에 흐드러진 야생화
고향故鄕이 물씬 풍긴다
시냇물을 자박자박 걸어 호수에 모여드는
푸릇한 바람
날개를 털며 잔물결을 친다
어느새 물속 깊이 빠진 내 눈길을 건져
오후 볕에 말리며
산길을 내려오다
마주친 개, 정다운 게 낯이 익다
쫑긋 서 있는 귀
또르르 말려 올라간 꼬리
내가 살던 동네를 돌아다니던
복동아, 하고 부르면
혼자서 가다 말고 꼬리를 흔들던
개
주인에게 목줄이 잡힌 녀석도 낯이 익은지
지나가는 나를

한참이나 쳐다보는 맑은 눈

사브리나 호수*
시야에서 멀어지는 정선 아라리 어느 계곡쯤 되는

* 미국 캘리포니아주, 비숍이라는 마을 가까이 있는 호수.

일어나야 할 시간

 대기하는 시간 속으로 드문드문 날리던 흰 눈이 쌓이기 시작했다.
 달리는 버스, 차창을 붙잡는 산자락들을 뿌리치며 우리들의 기억 안으로 질주해 들어왔다.

 삶의 이정표와 표시판이 요동치다가 마침내 기억이 끝나는 곳, 우우雨雨거리는 가슴 너머 보이는 시골 옛집 후락한 처마가 그늘진 마당, 이월의 잔디가 누렇게 스러져 있었다.

 집 앞으로 난 좁은 길, 아래로 벼 밑동이 어지러운 논과 논 사이 부석하게 언 구불텅한 논둑길, 조심스레 산기슭에 닿아 있었다.

 낯설지 않은 산등성이 해가 드는 반듯한 곳, 흙에서 일어난 구름 불꽃으로 타올라 이슬같이 재로 내리고 땅은 재 한 줌을 흙으로 받아들였다.

 산에서 내려오는 길 우리는 소매를 잡고 따라오는 바람, 겨울잠을 자는 나무 곁을 지나며 이렇게 속삭이는 말을 들었다.

"이제 곧 일어나야 할 시간이야, 준비해야 해"

사바로 돌아오고 있다

  땅이 흔들린 찰나
  뿌리치고 빠져나가려는 부처를 안고 바위가 그대로 쓰러져 있다
  하나도 아니고 둘도 아닌
  둘 같은 하나를 쪼개 둘로 나눌 수 없는
  업보인 듯

  염불 공양 일체를 끊고 돌 속으로 들어가 문빗장을 지른 부처, 오체투지 묵언 수행에 들어갔다. 돌에 올라앉은 몇 겁의 시간보다 더 무거운 돌 속 오백 년. 침묵의 사리로 가득 찬 텅 빈 고요에서 번뇌의 알을 까고 기어 나오는 벌레들. 부처 숨구멍마다 찾아 들어가 알을, 낳고, 죽고, 알을, 슬고, 살고, 죽으면서 부처의 몸이 되어갔다

  한 치 앞이다
  이제 정토가 눈에 닿을 듯한데
  수백 년 비바람 보고도 모르고 그냥 스쳐버린
  옷자락, 한눈에 알아본
  뿌리치지 못한 인연의 어떤 눈빛이 닿았을까

벌레로도 환생 못 한 한恨 오백 년 사랑일까, 돌을 깎은 정성일까, 바위의 불심일까
　열암곡 마애불*
　열반의 돌 빗장을 풀고 고해의 연꽃 문을 걸어 나온다
　가느스름히 눈을 뜨고 입가엔 미소
　나무 관세음보살

　여인의 모습, 사바로 사바로 돌아오고 있다

　* 경주 남산 열암곡에서 돌에 새겨진 옷자락 주름 일부를 보고 발굴된 불상.

사마리탄*

그녀의 거울에서는 광야가 보인다

거울은 그녀를 거쳐 간 남자들을 기억하고 광야에는 목마른 낙타가 산다

그녀가 거울을 볼 때면 낙타는 우물로 간다

등에 지고 있는 두 덩이 물통을 채우려는 갈증의 무게가 낙타를 지탱해준다

물을 마시는 낙타는 흐릿해지는 눈으로 우물 안을 흘러가는 강물을 바라본다

수면으로 자살한 예술가, 난폭한 돼지들, 사랑의 우울한 빛깔이 부서지며 떠오른다

물이 내는 신음이 낙타의 육봉을 채운다

살 속에 박힌 신음은 음악이 될 수 없지만, 도시 광장에서 레퀘엠 연주 배경으로 쓰인다

낮은 음계 밑 지하에 수의를 입은 악동들이 숨어 있다

그녀가 어둠의 계단을 오른다

악동들은 하루 양식 아침저녁 슬픔 두 덩이를 안은 그녀 가슴에 돌을 던진다

깨지지 않는 그녀의 거울 속, 눈이 큰 낙타가 광야를 걸어간다

돌에 차이는 발걸음 소리만 남아 적막하게 울리는

* 사마리아 사람의 영어식 표현.

성탄절 풍속도

　양고기 스테이크 요리할 때는 고대 로마 병정같이 큰 칼로 고깃덩어리를 내려쳐 달궈진 팬에 던져요. 순식간에 차익 하며 노릇하게 익어갈 때 올라오는 향과 색깔을 보노라면…… 영혼도 같이 잘 익어가는 느낌. 그때마다 거듭나는 거 같아요. 두툼한 살덩어리들이 이글거리는 불 속에서 쉴 새 없이 구워지는 파라다이스라고나 할까, 오늘이 성탄절 전야잖아요. 준비된 특별 디너 코스 하나하나 제가 다 세례를 준 것들입니다. 혼이 담긴 요리는 사람의 혀를 속이지 않아요. 식사할 때의 모습이 이를 증명하죠. 이곳은 세례를 주는 레스토랑. 성탄절이 별건가요. 먹고 마시고 즐거워하면 그게 축복이죠. 구원은 바로 이 식탁 양고기 스테이크에 있어요. 나오는 이 음악 들리죠. 헨델의 메시아가 멋있긴 한데 좀 무겁고 크리스마스 캐럴은 가볍고 샹송이 더 근사해요. 음성이 접시에서 달콤한 소스처럼 끈적거리는 게 지금은 별이 많이 떴네요. 그래도 동방박사들은 결코 오지 못할 겁니다. 사슴 썰매를 준비했으면 모를까, 거짓말같이 밤늦게 폭설이 내릴 겁니다. 고요한 밤이 눈에 파묻힐수록 목구멍을 넘어가는 붉은 와인 와글거리는 소리를 들을 수 있어요. 아, 환상의 밤이.

아포칼립스Apocalypse

꿈인 듯 생시인 듯 섬세한 말소리가 들린다
(……)
저희에게 상관하지 마셔요 빨간 불이 펄럭이는 스카이라운지 축배 하는 나폴레옹*을 보셔요 고통의 늪에 비치는 달빛은 여전히 아름답죠 저울에 달아 보셔요 아직 오실 시간의 추가 가벼워요 지하에서 꽃이 올라올 때까지만 지난번 돼지 속에 들어갔다가 돼지들이 미쳐 물에 뛰어드는 통에 간신히 살아 나왔어요 보셔요 커지고 있는 초승달을 무덤 같은 그믐의 포도송이가 익을 때 나가게 해주셔요 마지막이어요 벌거벗은 짐승의 도시 펭귄옷 입은 돼지들에게 들어가게 해 주셔요 아—안되다니요! 지금 아직은 우리 때일 수 있잖아요 이렇게 도둑같이 오셔서 아—악 뜨거워요 앗 뜨거—어
(……)
빛나는 긴 칼이 나와 말을 끊고 소리의 혀가 불에 타 연기로 사라진다
아직 꿈인 듯 다시 깊은 잠에 빠져든다

* 조지 오웰의 소설, 동물농장에 나오는 돼지의 이름.

유혹이 목마른 땅

오아시스 야자수 그늘에
조금은 술에 취해서 스트립 댄서의 관능을 못 이기는 척
조금은 드러내어 죄를 지어도 될 것 같은
짜릿한 유혹이 숨어 있다

과일을 따 먹고 싶은 유혹에 넘어간 좀도둑
아들 둘을 낳고, 그중
아들 하나가 살인을 했고 또 그가
아들들을 낳고, 또 그의
아들들이 대대로 그들의
아들들을 낳고 살다가, 그중 어떤
아들은 은행 강도가 되었고 또 그의
아들이
자동소총 두 정을 걸어 놓았던 만다라이베이*
별이 소름처럼 돋아난 밤,

드럼이 비트를 쏟아내듯
타-타-타-타-타-타-타-타-타, ♪♪♪♪♪♪♪♪♪♪♪♪,
♪♪♪♪♪♪♪

9–11분 동안
스타들의 향연, 사막에 유성 비가 쏟아졌다

때아닌 유성 비에 팔을 올린 선인장
수십 발 붉은 꽃을 퍽퍽 피우다 신음 속에 죽었다
방아쇠를 당기는 손끝
극도의 쾌감이 가득 찬 방 안
그 아들의 흥분한 심장을 관통하는
팽팽한 금속 줄, 끊어지는 타-앙, 마지막 총성
순간, 검붉은 선혈
사막에 흥건히 고이기 시작했고
유혹이 목마른 땅이
머리를 박고 모래에 스미는 피를 핥고 있다

* 라스베가스 호텔 만다라이베이.

변신

1.
소처럼 일하며
머리로 하늘을 들이받으며 살던 한 사내
어느 날 몸에 변이가 일어났다
갈라 터져 굳은 이마에
황소 황금 뿔이 솟아났다
신들의 나라 콜로세움에서 벌어지는
투우 경기에
대왕 신의 초청을 받은 그가
어제 도착한 황실 전용기
황금으로 만든 우리에 실려 오늘 출국한다

2.
장대비가 한참을 쏟아졌다
하늘 문을 지키는
쌍무지개가
땅에 천하대장군 지하여장군처럼 버티고 있다
그 발밑에서
꾸물거리며 흙을 파는 게 보인다
땅만 내려다보고 살던 내가

두더지가 되어버린 내가
진창에 코를 박고
고소한 지렁이를 먹고 있다

중독 2

얼마 전부터 애인 몰래 다른 연애를 하고 있다.
절대 비밀이다.
그런데 내 안에 있는 누가 이런 유의 비밀은 긴장 속에 활력을 주는 비타민
(X)라고 귓속말로 소곤거린다.
내게는 현대인의 필수 비타민ABCDE 외에
(X)가 추가된 셈이다.
(X)의 느낌은 식후의 아이스크림 맛이다.
뜨거운 목구멍으로 차가운 혀가 감겨 내려가는
(X)의 맛에 눈이 눈썹 위로 올라붙는다.

요즘 가슴이 괜히 두근거리고 머리가 몹시 어지러웠다.
아이스크림을 자주 먹어 생긴
당분 과다중인지 비타민 과다 신드롬인지
제일 먼저 집히는 게
(X)이었다
부쩍 증상이 심해진 나를 진찰한 친절한 의사, 흥분성 돌발 심장마비 경고와 함께 처방을 내렸다.
〈

1. 비타민 ABCDE 외에 다른 비타민 (X) 절대 금지
  2. 아이스크림 (X) 절대 금지

보는 순간 내심 크게 놀랐다.
의사인 내 애인이 손에 쥐여 준 처방전 내용이다.
그래도 나는 처방전만 손에 쥔 채
정말이지
(X)의 달콤함, 생각만 해도 아찔해진다.

기적

융희 4년 8월 22일
내각총리대신 이완용이 한일병합조약에 서명함으로써 식민지화된 조선 항거하던 민중은

청룡 맹호 부대로 월남전에서 상한 몸으로 돌아와 건설 보국의 현장 중동 사막으로 가는 비행기에 희망의 나라를 싣고

그들이 구름 위 멀미를 참으며 부른 노래, 나는 꿈을 가졌어 모든 역경을 이겨낼 거야 천사를 믿는 내겐 실패를 해도 미래는 있어˙ 정말 믿기 어려운 일들이 일어날 거야

우리는 해낼 거야 손에 손 잡고 서울올림픽 한일월드컵 평창동계올림픽까지 태극기 휘날리는 아리랑 모두가 말하는 한강의 기적은

대가리가 깨져도 죽지 않고 찾아오는 새벽, 우리집 수탉이 닭 볏을 고추 세우고 꼬끼오, 세 번 울어
〈

이번 달에 우리 늦둥이 넷째 아이가 태어난다는
거

* ABBA가 부른 노래.

저녁 시간이 고목이 되어가고 있었다

 집에 오래된 소파가 있었다. 햇빛이 들 때면 움푹 들어간 자리가 소파 위로 고스란히 올라와 젖어 얼룩진 몸을 말리며 졸고 있는 것이었다. 마당에 고목이 비스듬히 서 있었다. 어느 날 바다에 먹구름이 침범하자 바람이 파도를 타고 급히 들어와 마당에 와 쓰러졌다. 이 북새통에 등걸 잔가지에 꽃을 피우던 나무가 밑동째 넘어졌다. 그날 나는 소파까지 내다 버렸다. 바다 물결은 갈매기들 울음 속에 더욱 몸부림치며 치솟았다. 오후에 창문을 열었을 때 들어온 바람의 몸에서 나무의 피 냄새가 났다. 다리까지 저는 바람은 소파가 있던 자리에 와서 벽에 걸린 우리 가족사진을 휘 한 번 보고 나가는 것이었다. 그때 바람은 집 안을 청소하던 내게서 소파의 기억을 가져갔다. 멀리서 보는 바다는 늘 잔잔했다. 그게 언제인지도 잊어버린 얼마 전부터 비가 오는 저녁이면 창문이 소리를 내는 것이었다. 창문을 열면 아무도 없고, 비일까 싶었지만 대신 어떤 이상한 바람. 녹슨 쇳내 나는 바람이 낡은 소파에 대한 축축한 기억을 내 안에 다시 밀어 넣는 것이다. 누군가 앉아서 쉴 수 있는 자리는 눌리고 얼룩져 있다. 내가 편히 기대고 앉았던 자리, 가 내 안에서 나를 지탱하다가 짓눌린 얼룩들이 내 살점 사이로 보이기 시작했다. 땅 위로 불거져 올라온 뿌리, 저녁 시간이 고목이 되어 가고 있었다.

사과 맛을 보시겠어요?

   꽃잎을 띄운 차와 방금 구워낸 쿠키, 예쁜 그릇에 담아 식탁에 두고 나왔다. 화랑에 갔다. 전시된 부서진 문짝 옆에 서 있는 화가 "메시지를 발견해보세요" 히죽이 웃는 글씨로 서 있다. 뒤틀리고 어긋난 나무에서 뭐를 찾아보라는 걸까? 세련된 표정을 짓는 관람객들. 집에 돌아와 국화차와 쿠키 모두 밖에 내다 버렸다. 접시도 내던졌다. 바로 그 자리에 싹이 나고 나무가 자랐다. 화가가 부순 문짝이 내는 신음이 사과로 주렁주렁 열렸다. 하나를 따서 먹다 벌레까지 씹었다. 사과를 한 광주리 담아,

   사과를 사려는 사람들을 위해 마지막 행*에 안내하는 나를 세워 놓았다.

   지나가는 사람들 몇이 수군거린다.
   쓰레기를, 미친 거 아냐?
   어디,

  * 여러분 사과가 보이나요? 만질 수 있으세요? 사과 맛을 보시겠어요?

3부

지루한 장마

잔뜩 찌푸리기만 하더니
극성 하루살이 떼 몰고 어딜 갔는지
후다닥한 비에
개구리 우는 소리
부엌 거미줄에 무겁게 걸려 있다

내일이 말복인데,

비가 오려면
천둥도 치고 냅다 퍼 붙고 말 일이지!

더위 먹어 쉰 대청마루
희고 재던 손이 널어 논 빨래
축 늘어지기만 하는
후회

오늘은 노상 짖는 옆집 개마저 조용하다

처용 초상

이럴 때 가면 쓰고 처용무는 못 출망정
한바탕
푸닥거리라도 해야 하는 거 아냐

강가에 흐드러진 개나리꽃 핀 가지 하나 꺾어 쌀바가지에 꽂아놓고 고릿적 우리 할머니처럼 비나이다 비나이다 정성껏 빌다 보면 신이 올라 눈이 충혈되고 꽃대 잡은 손을 벌벌 떨다 저도 모르게 벌떡 일어나 집 안 구석구석 휘젓다가 족집게 무당같이 꽃대가 가리키는 옷장에 묵은 한복 저고리 신발장에 밑창 나간 신발 서랍에 부러진 손톱깎이 화장실에 닳은 칫솔 부정한 것들 죄다 끄집어내 꽁꽁 묶어 뉘엿뉘엿 해가 질 때 따끈한 밥 한 사발 해서 노을 진 강에 나가 불에 태워 남은 재는 밥하고 강물에 흘려보내야 하는 거 아냐 그것도 못 한다면 염병할 역신 코로나 브루스

무작정 개 무서워 꼭 갇혀 지내느니
신라적 할아버지 처용 초상 한 장 그려
떡하니

대문에 붙여 놔야 하는 거 아냐

밥천국

이곳에 오면 바람이 심하게 부는 게 느껴져요
비탈길을 오르다 보면
먼지, 휴지, 낙엽들이 드센 바람에 쓸려 모이는 구석진 길에
식당, 밥천국이 있어요

지나가다 간판을 볼 때면 의문이 들어요

왜인지 모르겠어요. 다른 건 없고 밥만 있어서일까요. 나라에 쌀이 남아돌아 밥을 고봉으로 퍼 주어서, 돈 없어도 외상이 가능해서, 배만 부르면 지옥도 천국 같아 보여서…… 주인이 김지하 시를 읽어봤을까요, 밥은 하늘이고 밥 없이는 살 수 없다고, 밥은 너하고 내가 싸우지 않고 나눠 먹는 거라고, 밥을 사이에 두고 서로 사랑하라는 거라고, 해서 아니면 다른 이유는 또 없을까요

허구한 날 불경기에
세상에 의문부호를 달고 사는 사람들이 사는
바람이 쓰레기로 몰려와 쓰러지는 산동네

이삼 년 사이
밥천국,
주인이 서너 번 바뀌었다지요

아리랑

그때, 그 사람들은
우리를 메뚜기같이 여겼을 것이다

아리랑 담배 대신 면세점에서 산 Pall Mall 한 갑
한 개비를 꺼내 문 순간, 맛보는 자유

조니워커 발길질에 나가떨어진 옆 좌석 건설의 역군
솟은 광대뼈, 푹 패인 볼에 고여 있는 그늘

아라비안나이트 새벽녘, 텅 빈
공항 의자에 풀어놓은 넥타이, 가지런히 벗어 놓은
구두 밑창에 깔려 있는 불안

외인 주택 야외극장
담벼락에 모로 누워 흙바닥에 쓰러져 코를 고는 안전모들
코쟁이에게 쫓겨나와 쓴웃음 짓는 달

모래바람에 눈이 멀어
두 눈을 멀쩡히 뜨고도 놓쳐버린 아내

〈

　모두가 아리랑을 부르며, 아리랑 열두 고개를 넘어갔다

　그때, 우리는……
　열두 번을 넘게 생각해봐도, 우리는 메뚜기였을 것이다

폐하의 대관식 coronation

폐하의 대관식이 있던 날, 개기일식이 있었다

군함이 끌고 온 바다는 썩어 있었고
옷장 속 넥타이같이 군인들이 걸려 정렬되어 있다
만국기가 창끝에 찔려 동서남북으로 갈라진다
삼월의 검은 들판이 계절 안으로 몰려온다
세계 각국 귀빈들의 유골을 실은 비행기가
대공황 활주로에 착륙하고 있다
달맞이꽃이 핀 능선으로 사람들이 올라간다
호루라기 소리에 날갯죽지를 상한 비둘기들이 추락한다
사자 우리에 들어간 뱀
얼음 설탕에 닿아 살이 녹는 냄새
푸줏간에 걸린 마스크
달이 태양의 머리를 통째로 파먹고 있는 동안
이 모든 것에게서 짐승의 울부짖음을 들었다
만세, 만세, 폐하, 만 만세를 사시옵소서

흑점이 움직일 때 둥글게 드러나는 코로나˙
광장에 검은 왕관이 빛나고 있다

이해할 수 없는 고통의 숫자가 보석처럼 박혀 있는

* 조용미의 「붉은 시편」에서.

달밤이 좋아

꽃 한 마리 어둠에 누워 본 자리
아흐 노린내가 피어난다 아으 달밤이 좋아
붉은 꽃들이 지하에서 올라온다
어둠을 빨며
암술 수술 엉겨 있는 자리
아으 재릿한 오줌 아흐 달밤이 좋아
살짝 진저리치는 바람
알몸으로 올라온 꽃 서너 마리가
땅을 뒤집고 흙을 파헤친다
핏줄 터져 동강 난 벌레 흩어진 자리
아흐 밤안개가 아으 달밤이 좋아
갸릉거리는 고양이 관능의 몸을 들어 올린다
뒤엉킨 꽃 수십 마리 남산에 올라간다
몽정 같은 달빛 아래
어이쿠! 타워에서 배를 뒤집는다
아흐 하얀 배를 드러낸 밤 아으 달밤이 좋아
꽃들의 난교

아흐 청계천에 달빛이 흐른다
인광이 번득이는 수십 층 낭떠러지
아흐 달밤이 좋은 꽃 아으 해골로 피어 있다
아흐 달밤이 좋아

입양인

그때 우리는 비행기 타는 것을 행운이라 여겼지
공항에서 발버둥을 치며 우는 너를
손을 흔들고 웃으며 떠나보냈지
나중에 비행기를 타고 알았다
너무 새파래서 눈물이 나던 조국의 가을 하늘
학교 조회 때 전교생이 부르던 애국가
동해를 벗어나는 데는 한 시간도 채 안 걸렸지
그런 조국이 올림픽을 성공리에 마치고
네 또래 아이들이 커서 이룬 월드컵 4강 신화에
우리는 무턱대고 열광했었지
그때쯤 우리말을 깡그리 잊은 너는 대신 영어를 너무 잘했지
그런 네가 누군가의 실수로 다시 조국으로 추방되어 돌아갔을 때
조국은 말 그대로 아버지의 나라이고
밝은 사회 현대화된 거리는 숱한 영어로 넘쳐나는데
우리말 못하는 게 무슨 대수였을까 싶었다
그런데 네가 어쩌다 길을 잃어
아파트에 올라가 떨어지는 실수를 했는지
믿을 수가 없다

우리 인생이 송두리째 입양된 이 나라
오늘 우리말 신문에서 너에 관한 기사를 읽고
너의 두 이름을 알았지
고아원 원장 아버지가 어린 네게 지어준 이름
너를 파양한 파란 눈 양아버지가 지어준 이름
지금 너를 데려간 나라
그 나라의 아버지는 어떤 이름으로 너를 부르는지
뭐라 불러도 무슨 상관이 있겠니
다만 너를 불러놓고 문밖에 세워두고 있지는 않은지
그 이름들을 엇갈려 놓은 십자가十字街 경계에서
두리번거리고 있을 글썽이는 너의 눈초리
세상에 태어난 죄가 뻔뻔하게 빛나는 아침 해의
뺨을 때린다

광기

아파트 창문에서 내던져진 고양이
죽어가고 있다

누가 버렸을까?

절룩거리는 그가
층계를 온몸으로 끌어안고 오른 13층
그곳도 13층이었다
하늘을 날 수 있을 것 같아 휘발유를 마시고
짐승같이 뒹굴었던 정신 병동
지금도 오직
낙원만을 꿈꾸며
한 층을 더 올라간 그는
층계 전부를 비상문 앞에 콰—당 내려놓는다
옥상은 잠겨 있다
그가 미친 듯이 소리친다
나가야 해
나를 내보내 줘!
그의 외침은 천장 구석 거미줄에 걸린다
거미의 검은 목소리가

그의 귀를 문다
빠져나가 봐, 저 창문은 잠기지 않았어
어서
(삐걱대다 …… 드르륵 열리는 소리)
!
쿵

활짝 열린 14층 창문으로
길고양이 얼룩진 털을 태우는 휘발유
매캐한 먼 산의 그림자
아득한 향기가
붉은 광기의 노을빛을 타고 확 끼쳐 들어온다

그 길을 누가 서성거리고 있는지

획, 스치는 바람결에 들리는
작은 헛기침
두 귀를 쫑긋거리며 개가 바닥을 긁는다
벤치에 앉은 여인
바람 소리 안으로 돌아앉는 몸에서
마른 눈빛, 어두운 낙엽이 날려 떨어진다

어둠이 깨끗이 지워내지 못한
희미한 빛
서 있는 상수리나무
어둠을 버티다 끝내 무너지는 윤곽에서
인광을 일으키며
날아오르는 나비

나비가 나는 궤적 안으로
한 오라기 빛에 끌려오는 끊어진 듯 이어진 길이 보인다

낙엽 밟히는 소리
〈

그 길을 누가 서성거리고 있는지

어눌한 말의 중얼거림에
꼬리를 세우고 일어나는 개를 안으며
비스듬한 몸을 고쳐 앉는 여인의 머리 위에
나비가 검게 앉는다

밤을 칠흑같이 밝히는 어둠의 촛불이 타고 있다

개와 나비와 여인이
지구 한 모퉁이에서 이승의 저녁을 먹는다

깊이를 알 수 없는 강

운구 행렬들이 늘어선 화장장
"며칠 후, 며칠 후" 노래 속에 죽은 사람만 무사하게 살아 건너는
불의 요단강
강물에 막 띄워지는 작은 배를 보았다
돛대도 없이
삿대도 없이
여린 몸짓 노래 따라
동요 속 은하수 별자리를 찾아
배는 벌써 너울너울 강 복판으로 들어가고 있다
그 강은 살아서는 따라 들어설 수 없는 강
그러나 한번 발을 내디디면 다신 돌이킬 수 없는 강
뛰는 심장으로는 깊이가 어디까지인지 알 수 없는 강
아무리 손짓하며 목을 놓아 외쳐도 들리지 않는
하늘 너머 하늘을 지나 또 다른 하늘을 향해
울음의 불길이 사위며 재가 되어 날리는 강
종교의 경계 가을 국화 핀 강 이쪽 기슭
허수아비 둘, 허리가 꺾여 서 있다

흰 장갑에 탈색된 눈물이 창백하게 젖는다
강을 따라 굽어지며 내려앉는 마른 어깨에
누더기 포대기가 덮여 있다
강이 밀어내는 사람들의 검은 눈동자
그 밑 울퉁불퉁한 핏줄 같은 뿌리가 뻗어 있는 지하에는
화산 같은 슬픔이 흐른다

중독된 거리

타당, 탕, 탕, 여러 발의 총성
털썩, 하며 물체가 고꾸라지며 바닥에 쓰러졌다

도둑인 것 같다는 신고에
출동한 경찰
용의자가 총기를 꺼내려는 순간
서치라이트 속의 타깃은 주저 없이 사격 됐다
상황 종료 후 발견한 건
부들부들 떠는 손에 쥐고 있는
휴대폰

아니, 이게 목숨보다 중한 거야
아냐, 중독이었겠지
눈이 감기는 희미한 대화가
그의 혀로 말려 들어가 목구멍을 막고
사냥당한 짐승같이 그의 구멍 난 심장이
꿀꺽꿀꺽 피를 토해내며
녹슨 바람 쇳소리를 낼 때도
죽을힘을 다해
손에서 놓지 않으려던 게

글쎄, 총이 아니라 휴대폰 이래, 라고
수군거리는 낙엽

화약과 피 냄새가 얼룩진 어둠이 남아 있는
신새벽
거리에 나타난 육중한 청소차가 탄피 같은 낙엽을 쓸며 지나간다

까마귀 울음

집 앞에 고래 등 같은 큰 나무가 서 있었다
푸른 저녁이면 까마귀들이 날아와
나무 지느러미 이파리에 까칠한 몸을 싸고 별이 하얘지는 까만 밤을 잤다
동이 트면 빛을 물고 굴뚝에 나와 앉은 까마귀들
일 나가는 나를 향해 까—악
날갯짓하다가 섬으로 날아갔다
더위가 한풀 꺾인 바다에서 안개가 수시로 올라왔다
아침부터 나타난 낯선 일꾼들
나무에 올라 가지치기한 그 날 이후
벽이 숭숭 뚫린 나무에는
허공을 틀어막는 바람만 통과할 뿐
그 많던 까마귀들 어디에도 보이지 않았다
늦가을 이맘때가 되면
바다에선 고래 무리가 남쪽으로 철 이동을 한다
낙엽 태우는 등불이 걸린 저녁
굴뚝 연기 속에 흩어지는 날개를 보았다
빈집을 살피듯
나무 주위를 돌다 고래가 지나가는 바다로 나가는 날개

까—악 날아가는 노을 한 조각
찬바람 내 가슴의 문을 한번 흔들고
보랏빛 섬을 지나
불꽃 펄럭이는 이승의 경계를 지나
지금은 전설 같은 북극성을 향해 날고 있을
까마귀 울음

끼

바다가 하루 종일 길게 누워 있다
지나가던 바람 슬쩍 손이라도 얹으면 성가신 듯 몸짓만 할 뿐
부—웅 뱃고동을 울리며 항구를 나가는 호화 여객선이 손을 흔들어도
시들한지 아예 몸을 뒤척여 돌아눕는다
불편한 속내를 슬쩍슬쩍 내비친다
저러기를 얼마나 더 하려는지

어제저녁 무렵
서글서글한 붉은 해가 섬을 건너오기 전부터 모든 게 부산스러웠다
구름이 쏴—아 뿌려준 샤워를 일찍 끝낸 바다는
깎고 다듬고 칠하면서 온갖 멋을 다 낸
미니스커트 틴에이저였다
장미꽃을 꺾어 든 노을이
파도를 타고 들어와 창문 안에서 부서질 때
언덕을 올라온 빨간 스포츠카
집 앞에 서기도 전에
초인종이 울리기도 전에

바다는 새로 산 핸드백을 집어 들고
소파에서 튕겨져 일어나 달려 나갔었다

어제 그랬던 바다가
여태 누워 있더니 지금 내 안에서 살며시 눈을 뜬다
조금 전 서쪽에서 성큼 들어선 바람이 풍기는 후끈한 땀 냄새
바다는 뭔가가 생각이 나나 보다
다시 돌아눕더니

혼자 몰래 배시시 웃고 있다

서커스

조그만 맨발을 공중에 올려놓은 줄
줄이 저렇게 할 수 있는 건
맨발의 의심을 사탕으로 달래고
스스로는 몸을 채찍으로 쳐 팽팽하게 당겨놓는 것일 게다

손을 잡아주세요, 어린 광대의 꼭 다문 입술
헛디디지 마, 소리치는 줄의 눈길
두 평행선 사이에서 커지는 긴장의 얼굴

박수치기까지에는
조금만 더, 더 하는 절정의 끝은 X축과 Y축이 만나는 지점이다

코끼리와 원숭이가 나와 재롱을 떨고
음악대의 흥겨운 연주가 색색 종이 눈발로 날리는 서커스

만국기 위로 솜사탕 달이 떠오르고
어린 광대가

엄마의 생명줄로 이어진 북두칠성을 아슬아슬하게
걸어간다

이륙

조금 있으면 머리가 위로 들릴 것이다
사람들의 표정은 이미 거대한 기계에 내장된 부품으로 촘촘히 박혀 있고
그 위에 흐린 조명이 먼지로 쌓이고 있다
날개에 부력을 주는 질주에 압력이 가해지자 동체가 심하게 흔들린다
잠이 들었던 울음이 깨어나 아기의 옷을 벗긴다
엔진 굉음 안에서
발가벗은 아기가 돌같이 마구 구르다가
튕겨 나가는 소리가 한번 크게 났지만
어느 순간 날개가 빛을 내고 날아올랐는지는 모른다
밀봉된 모든 비상구가 붉게 빛나고
금속의 새는
해와 달을 모시는 삼만 육천 피트 피라미드 안으로 끌려 들어갔다

4부

밸런타인데이

장미를 든 남자가 다가온다
매연 섞인 비, 지친 저녁이 내리고 있다
창백하게 타는 그의 눈빛
가시에 살짝 살을 스친 것 같은 순간
뒤로 밀리는 차들을 향해
무성영화 속
그가 흑백으로 지나간다
밸런타인데인데! 한 송이 살 걸 그랬나
빗물 진 유리창을
와이퍼가 쫙 훑어 내린다
다시 비가 내린다
흐릿한 백미러 내 기억 안으로
들이치는 비
빗소리 아득한 소실점 끝을 적신다
시간이 얼룩져 꽃물처럼 다시 번지는 지평선
바람이 분다
거리가 파랗게 부서지고 있다
오, 로미오가
첼로의 선율 낡은 옷깃을 올리며
장미를 들고
자동차 불빛, 그늘진 빗속을 가고 있다

유리창 너머 비 오는 거리

비 오는 날 낮술을 하고 배회하다
기웃거린 화랑에 걸려 있는 그림, 아방가르드 복제 프린트 화가 자화상이었다
머리는 유령을 본 것 같이 쭈뼛쭈뼛하고
윤곽이 희미한 얼굴은 붉은 휘장으로 가려 놓았다
휘장을 들치고 들어갔더니
맞닥뜨린 건 화가의 불타는 응시였다
응시하는 시선을 따라가다가
커튼 뒤에서 지켜보는 섬찟한 누군가를 보았다
나는 직감으로 도깨비임을 알았다
걸쭉한 입가에 비웃음을 흘리고 있다가
알아보는 나를 순간 당황해하며 들고 있는 방망이로
당장이라도 후려칠 것만 같았다
바로 너였구나!
오늘까지 숨어서 나를 지켜만 본 게
그래, 그게 좋겠다
네 손에 들린 방망이에 흠씬 얻어맞고 나도 대박이 났으면 좋겠다
아니면 네 놈같이 도깨비로 복제해 주던지

방망이만 흔들어 대면 안 되는 게 없는
세상인데
식은땀에 흐려지는 안경을 벗고
충혈된 눈으로 위장 뒤를 뚫어지게 보는 내가
유리창 너머 비 오는 거리
화랑 안을 몽롱한 눈으로
우산 속에서 숨어보는 나를 보고 있었다

건천

그 개천은 물이 흐르지 않는다

사람 키 세 배를 넘는 시멘트벽 아래
물 흔적이 길게 난 등뼈 사이로
깨진 유리병 비닐봉지 흙먼지가 바닥에 처박혀 있다

장대비가 쏟아지던 날
개천은
집채 같은 물을 떠안고
용천 하려는 모습
공포스런 비장의 얼굴
탁류 속에 소용돌이 눈을 부릅뜨고
달려드는 발광
생사를 건 듯
흙탕에서 용틀임하며 솟구치며
놓친 것을 잡으려고
이를 악물고 쫓아가 물어뜯으려는
괴―물의 이빨과 발톱
때리는 번개 빗소리를 타고
물비늘을 떨치며

천둥 속 먹구름을 향해 용솟음쳐 보지만
점차 가늘어지는 비에
벽을 단 한 번도 넘쳐 오르지 못하고
맥없이 쓰레기 부유물 아래
구불구불 가라앉는
비린 몸뚱이

이제 알게 되었다
무심한 얼굴 왜소한 이 동네 사람들이 건너다니는
건천
바닥 허구렁에
등이 쩍쩍 갈라져 마른 이무기가 살고 있음을

천사들의 도시
— 비가 오면 좋겠는데

햇볕 쨍쨍한 이곳 천사들의 도시라네 왜 천사라는 이름이 붙었는지 이상해 천사 같은 사람 하나 안 보이는데 시원하게 비가 왔으면 좋겠어 내가 살던 나라는 비만 오면 우산도 소용없고 신작로에 물이 차고 가로수에 잎이 터져 나왔지 야자수 번화가를 스르르 미끄러지는 멋진 차를 보았어 누굴까 궁금한 마음은 선팅 차 유리에 비친 어두운 내 모습만 보았지 안에는 정말 천사가 타고 있었을지 몰라 천사는 신의 심부름을 다니려면 신분이 쉽게 노출돼서는 안 될 일이라서 밤하늘 가장 작은 별을 골라 손에 쥐고 오고 깊은 잠 속에 꿈인 듯 생시인 듯 오고 생전의 어머니 모습으로도 오고 천사가 나타날 때는 갑자기 주위가 다 환해져 너무 눈이 부셔서 처음 경험하는 사람은 천사인 줄 모른다는데 꿈꾸듯이 걸어온 거리 햇빛 대신 비가 쏟아졌으면 좋겠어 비 올 때는 쳐다볼 별도 없고 날개가 젖어 천사가 오지 못해도 햇빛 나고 따듯한 게 좋아도 비가 오면 좋겠는데 내가 떠나온 나라 멀리 거센 파도 태평양에 내리는 비를 흠뻑 맞으며 걷고 싶은데 천사들의 도시에서 천사 하나 만나지 못해도 축축해진 광야 나뭇가

지에 움이 트고 내가 꽃처럼 피고 싶은데 꽃잎으로 떨어져 땅에 밟힐지라도 비가 오면 좋겠는데 세차게 오는 비에 내가 하얗게 씻겨 흘러가도 좋을 텐데

그가 누구인지

어릴 적, 그때
주룩주룩 내리는 비를 그저 맞고만 있었다
반 우거지상인 내게
황새 흉내 내다 가랑이 찢어져 — 귀에
먹먹한 아버지의 말
돌이 되어 진창길에 박혀버린 말
한 마디 대꾸도 못하고 고개를 숙이다
내려다본 다리
정말 뱁새 같아 보였다
그 후에 어딜 가나 있는 많은 황새들
내가 다닌 돌밭 길
모서리에 피처럼 장미가 피었다 지곤 했지만
별 탈 없는 가랑이
분명 내 아버지가 아버지이고
그 아버지의 아들이 나인 게 확실한 데도
불현듯
세상천지 어디고 뛰어다니게 하신 이
가신 아버지 말고
또 다른 누가 있을 거라는
생각

그가 누구인지
그도 나와 같은 모습인지
어느 길로 가야 그분을 만나볼 수 있을까, 하는

갈매기

쓰레기통에 오른 갈매기
봉지 하나를 물어내 바닥에 내려앉는다
콩알 눈을 또렷또렷 굴리는
매서운 눈매
충혈된 시선에는 틈이 없어 보인다

무리를 벗어난 건
온통 시퍼런 빛깔에 질려서일까
짠물 비린내 투성이 바람 때문일까
날다 보니 딴 세상에 와 있는 걸까

끓는 여름 오후 아스팔트 길
차갑게 서 있는
흰 갈매기
종이 하늘에 불이라도 붙일 것 같은
성냥 알 눈알
순간, 내 눈을 마주치자
양 날개를 넓게 펼치더니 보란 듯이
바닥을 찬다
먹이를 물고 푸드득 날아오른다

〈
내 머리 위로
먹이를 문 하늘이 푸르게 날아간다

아가미

 쾅, 할 때마다 몸이 뒤척이어지며 저절로 깜짝깜짝 놀라게 된다

 익숙했던 건 물이다 거기는 내가 헤엄쳐 들어간 곳 아직 빛이 생기기 전 위아래가 없이 물로 빈틈없이 채워진 둥근 우주 같은 곳 나는 영락없는 올챙이 아가미로 숨을 쉬며 어디든 자유롭게 헤엄치고 다녔다 그러다 조금씩 불어난 몸이 좁은 터널 가까이에서 빨려 들어갔다 으스러질 것 같은 압력을 온몸으로 견디다 간신히 나온 데가 지금 있는 곳이다

 귀 안에 붙어서 소리를 넣어주는 게 무언지 알 수가 없다 껌벅거리며 눈을 떠본다 뿌옇기만 한 것을 입에 넣어 오물거려 삼켜본다 바람이 몸 안을 들락거린다 내가 놀던 물은 다 어디로 빠진 걸까 뭔가 닿는 듯해 벌린 입으로 비릿한 물이 들어온다 전에 뻐끔거린 맛과 비슷하다 가슴 배가 벌름거린다 휴—우, 이건 분명히 아가미다

 아가미의 힘으로 지느러미 수족을 쥐었다 펴고 흔

들다가 차본다 아, 이제 내가 빠져나온 둥근 물속으로 돌아갈 수 있을 것 같다

귀신이 따라오기라도 하면

내리 사흘 동안 계란을 사지 못했다.

슈퍼마켓 빈 판매대에 붙은 문구 "많은 수요로 인해 고객당 계란 두 팩 이하만 판매합니다" 저녁 9시 뉴스 할 때 다시 와 볼까? 그때를 노리는 사람들이 많다면, 아, 몰라. 이러다간 병아리를 키우는 게 빠를지도 몰라. 호르몬과 비타민을 좀 섞어 먹이다 보면, 얼마 안 가 알을 거르지 않고 먹을 수 있지 않을까? 아, 몰라. 그런데 밤에 걱정되는 건 너구리들, 도적같이 눈 가면을 쓰고 나타나는 박쥐 같은 놈들.

팬데믹이라는데!

요새는 대낮까지 한밤중으로 착각하고 다니는 놈들, 그게 얼마나 무서운 건지는 알아? 아, 몰라. 집에서 나가지 말라는데! 밤에 사러 나갔다 또 허탕, 다시 다른 데를 가보라고 하면, 찬 공기에 기침 쿨럭 거리며 더 멀리 갔다가 오도 가도 못 하면, 박쥐라도 너구리라도 맞닥뜨리면, 그놈들이 없는 계란을 내놓으라고 하면? 간신히 피해 도망치는 내 발뒤꿈

치에 붙어,

　달걀 (……)? 아, 몰라.

그 집

그 집 가보셨어요?
거기 가시면 그거 한 번 드셔 보셔요
조기조림에 콩나물국
저 어려서 살던 개천 옆 삼거리에 가게가 있었어요
아침이면 할머니 심부름으로
뛰어가 사다 드리면 끓이던 콩나물국
학교에서 돌아와 찬장부터 열면
양은냄비에 멀건 국이 남아 있었어요
지금 그 집은 이름이 그냥 그집이어요
그 집에 가 앉으면
추억 같은 집 안방 아랫목 손님상에 올려놨던
눈치만 보던 계란말이
김치 나물 멸치볶음 외에 한두 개 더 갖다 놓아요
그집에 가자고 하면
어디? 그 집, 을 두어 번 반복해야
아, 그-집
말하고도 듣고서도 헷갈리는 집
꼭 한 번 가셔서 드셔 보셔요
국에 만 밥에 짭조름한 조기조림 한 점 얹어 먹던
맛이 생각나는

여름이면 지붕 기와에 바위솔이 자라던
그 집
전찻길 동대문을 나와 첫 동네
저는 아직도 그 집 윗목에서 불은 누룽지 밥만 수굿이 입에 넣던
엄니가 생각나요

소울 가수

소문으로 흘러간 소울 가수
처음 폭발적인 음성의 그를 본 건
명동 미도파 백화점 뒤에 있던 맥줏집 밤 10시가 넘은 시간이었다
무대를 끝내고 나온, 꽉 끼는 가죽바지를 입은 그가
흰 이를 드러내며 던지는 말
예쁜 고래 두 마리가 작살에 맞아
조명 현란한 바다의 어둠 안으로 빨려 들어갔다
밖에는 봄비가 내리고 있었다
발밑에 고인 네온 빛 어두운 빗물
그때 비의 얼굴을 보았다
뒷골목 서울의 소울 같은 거였다
찌그러진 삶의 무늬
그때도 대마초라 했던가
소문에 대한 기억이란 굴절된 거울 같은 것
사회자의 손에 이끌려
어깨춤이 헐렁한 그가 다시 무대에 섰다
형편없이 쪼그라든 파도의 음역
한 줄기 등대 조명 아래 작살을 맞고 한쪽이 기울어진 배

키를 틀어쥐고 항해하는 소울을 보았다
안개가 지나가다 거미줄에 걸쳐놓은 물방울
그때의 내가 밤이 깊숙한 거리를 배회하고 있다
바다에서 돌고래 무리가 솟구쳐 오르다 사라진다
네온이 꺼진 뒷골목
벽을 헐어내는 빗소리가 들린다

산속의 괴물

정상이 항상 구름에 가려 있는
산
산기슭을 오르다 보면
괴기한 두려움이 느껴지는 이상한 기운이 돈다

산 어딘가에 괴물이 산다고 한다 그 땅에 큰 불행한 일이 생길 때면 천둥과 번개가 심하게 친다고 한다 그런 밤에 산을 뛰쳐나온 괴물이 이빨을 드러내고 괴성을 내며 사람을 사정없이 해친다는 것이다 소문은 소문일 뿐 실제로 괴물을 목격한 이는 아무도 없었다 무심한 마음이 세월을 안고 가고 있었다

몹시 무더웠던 어느 날
강에 놀러 나갔던 아이들 몇이 집에 영 돌아오지를 못했다

참담했던 장례 후 회의가 소집되었다 의견이 갈리고 고성이 터져 나왔다 난무하는 비난 사이로 사람들의 눈은 광기로 붉어져 갔고 거품을 문 허연 이빨이 번득거렸다 모두가 삽시간에 살점을 물고 뜯는

짐승으로 변해 가고 있었다

  그 시간 우레와 번개가 사방에서 무섭게 쳐대기 시작했고
  피가 뚝뚝 떨어지는 송곳니를 드러낸
  흉측한 괴물이
  회의장 문을 박차고 나와
  괴성을 지르면서
  구름 빽빽한 산을 미친 듯이 올라가고 있었다

새소리

새들이 굶어 죽는다는 신문기사를 보고 났는데
창밖에서 새소리가 났다
귀를 따라간 시선에 참새보다 작은 새가 들어와
꽃처럼 피어 움직이며 즐거이 나뭇잎을 쪼고 있다
아, 귀여운 것
어쩌나!
저기는 내가 어제 약 친 덴데
내 눈의 아침 창문으로
붉은 꽃을 아낌없이 넣어주는 나무
흰나비 알이 촘촘히 슨 잎에
살충제를 뿌렸었다
아냐,
그래도 먹지 못해 굶어 죽느니
뭔지도 모르고 저렇게 배불리 먹는 게 나을지도 모르지
나중에 어느 꽃그늘 밑에 붉고 희게 다 토하고 죽을지언정
모른 척하자.
새는 새지.
혼잣말처럼 중얼거리는데

새가 나를 힐끗 보더니
쉬 – 잇,
새 된 새소리만 남기고 후다닥 날아가 버린다

쏟아지는 비

삼 년 가뭄 황폐해진 땅을 굵은 빗줄기가 때린다.

누구의 저주였을까?
일곱 시신이 나무에 달려 있다.

일곱 날이 지났는지 일흔일곱 날이 흘렀는지 돌에 맞은 시간 죽은 듯이 앉아 있다. 사산의 고통 중에 있는 어미, 흘리는 비릿한 누런 땀이 마른 보리 줄기를 타고 내려 바위를 녹인다. 별빛을 안고 긴 광야를 걸어온 그녀는 낙타, 시커먼 두 눈망울에서 떨어지는 흙빛 눈물은 안개가 된다. 소리 없는 통곡의 칼날이 주위에 번득인다. 썩는 냄새에 날아든 날짐승, 이글거리는 그녀의 눈에 날개를 움츠리고 달그림자를 밟고 온 들짐승, 그녀의 푸른 증오에 털을 세운다.

시신들에 날개를 비벼 대는 풀벌레, 우는 울음이 바람에 실려 언덕을 넘어 북으로 간다. 나무에서 내려지는 시신, 안개가 두개골 갈비 팔다리뼈 위에 젖빛같이 엉긴다. 번득이던 칼날들이 그제야 뚝뚝 부러지며 붉은 피를 땅에 쏟는다.

〈
쏴아 쏴아 비가 쏟아진다.
세상이 물바다인 데도 쏟아지는 비
무슨 연유가 있길래
하늘이
비를 이처럼 뿌려대고 있는 것일까?

동백

바람이 불어오는 서쪽
방파제 끝
외눈 등대가
낡은 우수에 잠겨 있다
수평선 너머
누워 있는 고요
출렁이며 밀려오다 부서지는
뱃고동
여행객들이 떠난
시간
물새가
낮은 허공을
잠시 앉았다 날아간다
바닷가
외진 삼월에
붉은 동백이
소리 없이 피고진다

외식

나비가
날아 앉는 데는 오직 꽃인 줄만 알았지

오늘 처음 보았어

오솔길 한가운데
어느 고약한 짐승이 한 황금빛 실례
그 위에 글쎄!

나비가
몰래 앉아 정신없이 꿀을 빨고 있는걸

■□ 해설

실존의 기층과 의식의 개방
– 이용언 시집 『국경지대』에 붙여

김종회(문학평론가, 전 경희대 교수)

1. 이중문화 환경에서 시 쓰기

 이용언의 이 시집은 제1회 『시산맥』 창작지원금 공모에 선정된 작품집이다. 이역만리 태평양 너머 먼 곳에서 모국어로 시를 쓰면서, 모국의 문학 단체에서 지원하는 창작 지원에 수혜자가 된 것은 결코 쉽지 않은 일이다. 아직 편집 중인 그의 시집을 통독한 후감은, 이 시편들이 충분히 그만한 자격이 있다는 것이었다. 미주에서 발간되는 시집 가운데서 참으로 오랜만에 좋은 시를 만난 기쁨을 누릴 수 있었으니, 그것은 필자의 행복이기도 했다. 더욱이 이중 언어와 이중문화의 환경 속에서 '두 개의 조국'과 그 의미를 가늠하며, 이를 시의 문면으로 발양하는 뜻깊은 글쓰기 행보가 거기에 개재(介在)해 있었다. 곧 문학이 예인한 정신주의의 개가(凱歌)를 볼 수 있었던 것이다.

이용언은 6.25동란이 발발하던 1950년 서울 출생이다. 서울에서 대학을 다녔고 미국 뉴욕에서 대학원 공부를 시작하여 목회학 석사를 마쳤다. 그런가 하면 1971년부터 35개월 간 해병대에서 군 복무를 했다. 대학 졸업 이후 대학원 수학 이전까지, 그는 건설회사에 취업하여 중동의 건설 현장에서 파견근무를 했으며 영국 런던 지점의 주재원으로도 일했다. 회사를 퇴사한 후 20년을 런던에 남아 개인 사업을, 그 후에는 미국으로 이주하여 뉴저지와 뉴욕 맨해튼에서 또 20년 간 개인 사업을 했다. 29세에 런던으로, 48세에 미국으로 삶의 터전을 옮긴 것인데 시인은 이렇게 자신의 생애 가운데 가장 젊고 싱싱한 황금기를 유럽의 중심 런던에서 보냈다. 이러한 경력 중에서 그는 필자의 대학 선배이자 해병대 선임이다. 이만큼 서로의 경력이 중첩되는 경우도 흔하지 않은 일이다. 물론 그의 시 가운데서 이러한 역정(歷程)의 구체적인 모습은 찾을 수 없었다. 다만 그 시 세계를 해명하고자 하는 필자로서는 이처럼 작은 단초들이 사뭇 반가웠던 터이다.

그는 늦깎이로 사이버대학에서 두 해에 걸쳐 문학 강의를 들었다. 일생에 있어 본격적인 창작 수업을 들어본

적이 없었기에 겸허한 마음으로 다시 공부를 시작한 과정은, 자신에게 실효적이었을 것이며 그를 바라보는 이들에게는 시인으로서의 그에게 공여하는 미더움을 더하게 했다. 지금껏 그의 문학적 성과에 대한 평가는 몇 차례의 수상 경력이 뒷받침한다. 《미주카톨릭문학》, 《미주크리스찬문학》, 《미주한국일보 문예공모》, 《재외동포문학상》 등의 문학상 입상자로서의 증빙이 그것이다. 기실 상을 받았다고 해서 꼭 좋은 시가 아니며, 반드시 좋은 시인이라고 말할 수는 없다. 문학은 정형화된 잣대를 갖고 있지 않으며, 그 수발(秀拔)함 또한 보는 시각에 따라 천차만별이기 때문이다.

그런데 『시산맥』에서 창작지원금을 주기로 한 이번 시집을 읽으면서 괄목상대(刮目相對)하고 놀란 것은, 60편에 이르는 시편들 가운데 태작(駄作)을 거의 발견할 수 없다는 사실에서였다. 한 시집에 실린 시들이 다 좋을 수는 없다. 그보다 더 어려운 것은 수준에 미달하는 작품의 수를 줄이는 일이다. 그의 시가 왜, 어떻게 납득하고 존중할 만한가 하는 언사는 이 해설을 진행하면서 해야 할 것이다. 그러나 오랫동안 미주문학의 시를 통독해온 필자의 눈으로 보기에 그의 시는 그다지 어려운 어휘나 개념을 동원하지 않고서도 쉽지 않고 만만치 않았다. 이는 곧 이 시집이 일정 부분 확고한 자기세계와 신실한 발화법을 구비하고 있다는 증거이기도 했다.

2. 사실성의 범주와 시적 상상

한국에서 태어나 자신의 이지(理智)를 확립한 후 해외 파견 근무를 거치고 다시 이민자의 삶을 꾸려온 시인의 생애는, 그야말로 '사실주의적'인 것이었다. 거기에 뒤늦게 문학의 길에 들어선 상황이므로, 그의 시가 삶의 핍진한 질곡을 뒤쫓아 가기에도 숨이 가빴을 것이다. 필자의 경험에 비추어 보면, 이와 같은 형편에 있는 시인의 시가 그 실존의 기층(基層)을 판독한 다음 의식의 개방과 분화를 도모하는 지점에 이르기는 실로 난망한 일이라 할 수 있다. 대체로 사실성의 범주를 지키면서 그 가운데서 요동하는 희로애락의 여러 형상을 시의 문면으로 밀어 올리는 것이 일반적인 현상이었다. 이는 이용언의 시를 읽기 전에 필자가 가졌던 생각이기도 했다.

그런데 1부의 실린 시 몇 편을 읽어나가는 동안 아하, 책상에 앉은 자세를 가다듬어야 했다. 미처 짐작하지 못했고 또 기대하지 못했던 시의 언술과 그 수준이 점

점 확성의 경보음을 울려오기 시작했던 까닭에서다. 그동안 이 시인의 시 몇 편을 읽지 않은 것은 아니었으나, 하나의 의미 체계 아래 질서 있는 독서로(reading path)를 따라가는 것은 전혀 다른 차원이었다. 그의 시는 우선 일상적인 삶의 형식과 이를 표현하는 언어에 묶여 있지 않았다. 시적 상상의 자유로움은 현실 일탈의 욕망만으로 이루어지는 것이 아니며, 그 욕망을 갈무리할 온전한 '그릇'이 예비 되어야 가능한 것이다. 때로는 조심스럽게, 또 때로는 과감하게 그는 이 한정적 경점(更點)의 지경을 파쇄하고 있었다.

여보, 개미! 아내의 비명을 개미는 들을 귀가 없다

벽에 생긴 틈을 살펴보다 커진 눈의 동공을 따라 들어가 보았다
안은 어디고 연결된 게 아닌가
개미 박멸은 애당초 불가능한 일이겠군, 하며
나오려는 순간 미로로 빨려 들어가며 온몸이 심하게 가려웠다
외계의 전파에 접속되는 느낌이다
이미 그때 머리에 안테나 촉수가 돋아난 나는

캄캄한 동굴 속을 척척 다니는 개미

촉수를 따라 나간 곳에

세상에!

벌레 하나 비리게 죽어 있다

입의 집게로 물기도 전에 벌써 촉수가 어디로 무전을 친다

이때 알게 된 건 여왕님께 먼저 알리는 게 으뜸가는 미덕

순식간에 명령을 하달 받고 모여든 일꾼개미들

허기를 가는 허리로 졸라매고 물어뜯어 운반하는데

갑자기 불벼락이 떨어진다

또 개미야! 여보, 어디 갔어, 지네 땅에서나 살지 왜 자꾸 들어오지, 더러워,

다 죽여, 차-익 차-익

혼비백산 세상 어느 구멍으로 나왔는지

화장실 바닥에 쓰러져 헐떡이는데

내 귀 안에 사는 달팽이 안테나에 잡히는 신호

메이데이-메이데이- 메이데이

거품을 물고 내 입에서 비틀대며 기어 나오는

소리 없는 지옥

―「소리 없는 지옥」 전문

개미에 놀라 벽에 생긴 틈을 살펴보다, 그 틈이 암시하는 의식의 균열과 사실성 너머의 세계를 보여주는 시다. 그의 시는 거의 모두가 이와 같은 틈입자의 시각과 의식의 경계를 넘어선 공간을 상정한다. '술렁거리는 정원'은 수상하며, '나'가 새처럼 천천히 날아가기도 한다. 지하철 플랫폼에서 상상력의 힘으로 벽을 통한 문 하나를 열고 들어서면 마법의 세계! 해리 포터와 이용언의 시적 화자는 그 공간의 전화(轉化) 및 활용에 있어 무척 닮아 있다. 거기에다 이민자의 극한 상황이 이 유다른 의미망에 참여한다. 「맨하튼」, 「이민자」 등의 시가 그렇다. 이민자이기에 그에게는 먼 곳의 어머니(「석류가 익어가듯」)가 있고, 그리운 정월 초하루의 떡국(「떡국」)도 있다. 이 모든 상상의 힘과 그 저변은 깊고 은유적이다.

3. 두 공간에 걸친 의식의 방랑

이용언의 사유와 그것을 현시하는 언어가 두 개의 얼굴을 보유할 수밖에 없는 것은, 그 삶의 환경 조건이 주박(呪縛)으로 작용하는 운명론의 형국이다. 이 시집의 2부에서 '내 유년이 꿈틀거리는 바다'의 기억(「유월의 향」)

이나 '이천 밥상 집'의 풍경(「내가 받은 수라상」)은, 잊을 수도 물리칠 수도 없는 고국에서의 원체험들이다. 그러기에 캘리포니아 비숍의 사브리나 호수에서도 강원도 깊은 산의 산사(山寺)를 떠올린다(「시야에서 멀어지는」). 그런가하면 그가 살고 있거나 살았던 미국 땅의 풍광이 은연중에 그의 내면을 압박하며 '짜릿한 유혹'을 감각하게 한다(「유혹이 목마른 땅」). 그는 이 양자의 공간을 각기 별개로, 또 동시에 누리거나 감당한다.

두 세계의 중간 지점에 선 경계인으로서 그가 당착한 좌표는, 비단 공간적 상황에만 그치지 않는다. 정신적 추구의 극점이라 할 종교적 관점에 있어서도 불교와 기독교의 두 단초에 대한 인식의 촉수를 가동한다. 이는 그가 어떤 종교인인가에 앞서서, 그 광대한 정신 영역에 대한 탐색의 본능이 활동하고 있다는 뜻이다. 경주 남산 열암곡의 마애불을 노래하면서, 시인은 '열반의 돌 빗장을 풀고 고해의 연꽃 문을 걸어 나오는' 부처를 본다(「사바로 돌아오고 있다」). 그런가 하면 '세례를 주는 레스토랑'을 그리면서 성탄절 전야를 희화화(戱畵化)하는 비유적 방식으로 깨어있는 의식을 내비치기도 한다(「성탄절 풍속도」). 이 서로 다른 강역(疆域)을 오가는 중간자요 경계인으로서 시인의 '할 말'이 있는 것이다.

프리웨이 끝

국경지대의 동네가 돌아앉아 있었다

우두커니 서 있는 몇 채의 집

져가는 해마저 외면하듯 비껴가는 거리였다

그 사이를 의심스럽게 부는 바람에

가시덤불, 부둥켜안고

제 몸을 찔러 대며 뒹굴고 있었다

근심스레 가라앉아가는 안개

펜스가 시커멓게 파먹어 간 배를 내놓고

광야가 쓰러져 누워 있었다

솔개 서너 마리 낮게 맴도는

국경지대, 엉겅퀴가 뒤덮인 아벨의 들판이었다

가인의 증오가 넘치는 들개가

몸을 숨기는 곳이다

― 「국경지대」 전문

이 시의 '국경지대'는 그 분위기로 추정컨대 미국 서부 사막지대 어디쯤이 아닐까 싶다. 의심스럽게 부는 바람, 가시덤불, 광야 등의 어휘가 이 짐작을 추동한다. 거기에는 '엉겅퀴가 뒤덮인 아벨의 들판'이 있고 '가인의 증오가 넘치는 들개가 몸을 숨기는 곳'도 있다. 창세기의 비극을 유추하는 시인의 심사에 국경지대의 황량하고 비인도적인 존재양식이 잠복한다. 그런데 돌이켜 보면 그가 가진 두 개의 조국이나 서로 양상이 다른 정신적·종교적 행로들이 모두 '국경지대'였다. 시인이 체감한 세상살이의 난감함이나 비정합성에 대한 인식을 한 마디의 언어로 압축한 범례라 할 수 있겠다. 이 다양하고 다층적인 시의 행렬은, 곧 여러 경계의 방책을 넘어 시인이 방목한 의식의 자유로움이자 그 방랑의 기꺼움일 수 있을 것이다.

4. 다층적 시각에 떠오른 풍광

이용언 시인이 여러 유형의 경계를 설정하거나 체험하며 그 시 세계를 형성한다는 사실은, 그의 시가 복합적이고 다층적인 의미 구조 또는 그에 부합하는 뉘앙스를 가졌다는 말과 다르지 않다. 이 시집의 3부에 실린 시들은 대체로 그러한 측면을 잘 드러낸다. 그의 '처용 초상'은 과거의 주술적 퍼포먼스를 소환하여 오늘의 '염병할 역신 코로나 브루스'에 대응한다(「처용 초상」). 사람 사는 일은 어느 시기, 어느 계층에 있어서나 곤고하고 벅차다. '세상에 의문부호를 달고 사는 사람들'이 사는 산동네에는 '식당, 밥천국'이 있다(「밥천국」). 삶의 요건을 구성하는 가장 원초적인 장면을 사뭇 의뭉스럽게, '사돈 남 말 하듯' 표현하는 대목은 오히려 자연스러운 공감을 촉발한다.

그가 두 나라, 두 문화의 경계선에서 바라보는 '입양인'은, 객관적인 사태의 서술로 일관되고 있지만 그 양측을 공히 경험한 자만이 알 수 있는 아픔과 슬픔의 '떨켜'들을 예리하게 포착한다(「입양인」). 입양인의 아픔이 '세상에 태어난 죄'와 연동되어 있다면, 아침 해조차 '뻔뻔하게 빛나는' 것이라는 시인의 관점이 도출된다. 시인의 눈이어서 민활한 것이 아니고, 눈이 민활한 까닭에 좋은 시가 된 국면이다. 대상에 대한 시적 접근은 근본적으로 '문제적' 정황을 응대하고 그에 대결하는 글쓰기 형식을 발현하기 마련이다. 이 시인의 안테나에 걸린 다각적인 현실은 그와 같은 문제의식을 반영한다. 이러한 창작의 문법은 시대상에 있어서도 그러하지만, 개인의 행위 양상에 있어서도 마찬가지다. 이를테면 중독된 시대, 중독된 거리에서 사살된 '서치라이트 속의 타킷'은 총기가 아니라 휴대폰을 쥐고 있다(「중독된 거리」).

    그때, 그 사람들은
    우리를 메뚜기같이 여겼을 것이다

    아리랑 담배 대신 면세점에서 산 Pall Mall 한 갑
    한 개비를 꺼내 문 순간, 맛보는 자유

    조니워커 발길질에 나가떨어진 옆 좌석 건설의 역군
    솟은 광대뼈, 푹 패인 볼에 고여 있는 그늘

    아라비안나이트 새벽녘, 텅 빈
    공항 의자에 풀어놓은 넥타이, 가지런히 벗어 놓은
    구두 밑창에 깔려 있는 불안

    외인 주택 야외극장
    담벼락에 모로 누워 흙바닥에 쓰러져 코를 고는 안전
모들

코쟁이에게 쫓겨나와 쓴웃음 짓는 달

모래바람에 눈이 멀어
두 눈을 멀쩡히 뜨고도 놓쳐버린 아내

모두가 아리랑을 부르며, 아리랑 열두 고개를 넘어갔다

그때, 우리는……
열두 번을 넘게 생각해봐도, 우리는 메뚜기였을 것이다

―「아리랑」 전문

  두 나라 두 문화의 행간을 가로지르는 숱한 기억들 가운데, 서구의 선진성과 마주친 '우리'의 그때를 두고 시인은 '메뚜기'를 떠올렸다. 성경에 나오는 이스라엘 민족의 가나안 염탐에, 그 강고한 원주민에 견주어 자기 민족을 비하한 예화다. 기실 그랬을 것이다. 아무런 힘도 수단도 없이 외세에 노출된 과거사를 회억하는 것은, 그 세월에 대한 탄식을 넘어 자기성찰과 위무의 새 힘을 환기하는 시적 응전인지도 모른다. 그에 대한 구체적 형상을 수립하는 것은 시인의 몫이 아니다. 하지만 그 와

중에 배태된 '아리랑 열두 고개'를 반추하는 것은 시의 소임이다(「아리랑」). 항차 이 사정이 오늘날 모든 삶의 부면에 대입되고 적용될 수 있다면, 우리는 시인을 귀한 존재로 상찬(賞讚)하지 않을 수 없다.

5. 삶의 정처에 대한 균형감각

누구에게나 살아온 지난날이 있고 또 살아가야 할 내일이 있다. 그런데 그 사이를 점유하고 있는 오늘이 만만치 않고 힘겹다. 시인은 이 질곡의 방정식을 직접적으로 발화하지 않고 축약하거나 암시적인 수사(修辭)로 치환한다. 그가 추구하는 해답은 목전의 난관을 관통하여 매설된 어지러운 외나무다리에 걸렸을 수 있다. 어쩌면 그것이 자기 내부에 은밀하게 숨어 있는 의식의 실체일 수도 있다. 이럴 때의 시인은 하나의 증빙 자료로서 반사경을 사용한다. 이상의 거울 시편이나 황순원이 「도박」에서 자신의 데드마스크를 활용한 사례가 그렇다. 이용언은 이 시집의 4부에 수록된 「유리창 너머 비 오는 거리」에서 이러한 반사의 방식을 매우 효율적으로 원용한다. '내가 나를' 바라보는 광경은 무기력하고 허망하지만, 그 자리야말로 새로운 균형감각을 회복할 수 있는 반전의 최저점이다.

 그런 연유로 건천(乾川)은 이무기의 소재를 탐색하고(「건천」), 메마른 천사들의 도시는 '세차게 오는 비'를 갈망한다(「천사들의 도시」). 더 있다. '쓰레기통에 오른 갈매기'는 '먹이를 문 하늘이 푸르게 날아가는' 모습을 본다(「쓰레기통에 오른 갈매기」). 시는 질문과 답변을 조화롭고 수미상관하게 제시하는 문학 장르가 아니다. 시의 상징적 기능은 오히려 그러한 논리를 경멸하거나 타매하기도 한다. 형편이 그러하다면 이 시인이 이 수준의 어법으로 질문에 대한 답변을 제시하는 데에 '사태 인식의 균형성'이란 호명을 부여하는 것은 상당히 타당한 셈이다. 어떻게 보면 이는 번잡한 세상사를 뒤로 하고 자기정진의 한 방식으로 시의 길을 택한 시인이, 스스로의 삶과 시와 세계관을 가늠하는 최소한의 방략일지도 모른다.

 쾅, 할 때마다 몸이 뒤척이어지며 저절로 깜짝깜짝 놀라게 된다

 익숙했던 건 물이다 거기는 내가 헤엄쳐 들어간 곳 아

직 빛이 생기기 전 위 아래가 없이 물로 빈틈없이 채워진 둥근 우주 같은 곳 나는 영락없는 올챙이 아가미로 숨을 쉬며 어디든 자유롭게 헤엄치고 다녔다 그러다 조금씩 불어난 몸이 좁은 터널 가까이에서 빨려 들어갔다 으스러질 것 같은 압력을 온몸으로 견디다 간신히 나온 데가 지금 있는 곳이다

 귀 안에 붙어서 소리를 넣어주는 게 무언지 알 수가 없다 껌벅거리며 눈을 떠본다 뿌옇기만 한 것을 입에 넣어 오물거려 삼켜본다 바람이 몸 안을 들락거린다 내가 놀던 물은 다 어디로 빠진 걸까 뭔가 닿는 듯해 벌린 입으로 비릿한 물이 들어온다 전에 뻐끔거린 맛과 비슷하다 가슴 배가 벌름거린다 휴-우, 이건 분명 아가미다

 아가미의 힘으로 지느러미 수족을 쥐었다 펴고 흔들다가 차본다 아, 이제 내가 빠져나온 둥근 물속으로 돌아갈 수 있을 것 같다

—「아가미」 전문

이 시 「아가미」에서 시적 화자는 요령부득의 물속으

로 진입한다. 이때 물의 심상과 비유적 의미는 다양다기하다. 그가 마침내 찾아낸 것은 기위 자신에게 허여되어 있는 '아가미'의 존재다. 그는 결국 '이제 내가 빠져나온 둥근 물속으로 돌아갈 수 있을 것 같다'는 심득(心得)을 확보한다. 여기 이 지점이다. 한 권의 분량을 채운 그의 시들은 궁극적으로 이와 같은 깨달음에 이르는 도정(道程)이었을 것임에 틀림없다. 그리고 그것은 그의 시가 확장한 공감대이자 미학적 수준을 대변한다. 두 세계 사이에 선 경계인, 시간과 공간의 변환을 직접 체험한 이민자, 삶의 본질과 현상을 함께 관통해 보기를 원하는 문필가로서 그의 시를 값있게 읽는 이유다. 바라건대 그 시의 일취월장과 문학적 성숙 및 심화를 통해, 우리가 지속적으로 좋은 시를 만나는 기쁨을 누릴 수 있었으면 한다.